U0931908

你就是二年級的啟啟嗎？
胡燕青　文
王曉明　圖
適合程度
小一（家長伴讀）
小二（獨立閱讀）
內附家長指引

初小語文系列 4

你就是二年級的啟啟嗎？

作者
胡燕青

責任編輯
張小鳴

插圖
王曉明

美術監督
蔡桂球

美術設計
伍愛清

出版／發行
基道出版社
香港沙田火炭坳背灣街 26 號
富騰工業中心 1011 室

Logos Publishers
Unit 1011 Fo Tan Ind. Centre, 26 Au Pui Wan St., Fo Tan
Shatin, Hong Kong
電話:2687-0331 傳真:2687-0281
網址：http://www.logoslink.org.hk

版次
1998 年 7 月第 1 版

© 基道出版社有限公司
©1998 by Logos Publishers Ltd.

ISBN 962-457-139-2

版權所有 • 請勿翻印
ALL RIGHTS RESERVED

PRINTED IN HONG KONG

目錄

1. 肯改過的巫婆

我不喜歡媽媽幫我剪指甲。剪的時候，有一點不舒服。媽媽要給我剪，我就哭。

這一天，我們班做話劇。思思做白雪公主，陳進明做王子，張宇軒、方小元和其他同學做小矮人、小動物。

沒有人肯扮巫婆。

這時候，大家都看著我。張宇軒說：「啟啟指甲長，最像巫婆。」

我很生氣，回家馬上請媽媽幫忙，剪去指甲。

巫婆婆來啦，
巫婆婆來啦！

第二天，我還是扮了巫婆。我扮一個很特別的姓巫的老婆婆，每天刷牙洗澡，常常剪指甲。白雪公主吃了我的蘋果，愈來愈健康。後來，王子叫我在王宮旁邊，開一個店子，賣蘋果給他和公主的孩子吃。

老師同學看了，笑個不停。

我還當選了最佳演員。

最佳演員！
最佳演員！

小詩

剪指甲

剪指甲，刷指甲，

指頭光亮不邋遢。

誰做骯髒壞巫婆？

清潔整齊朋友多。

繞口令

孩子和鞋子

孩子都愛舒服的鞋子，
鞋子都愛乾淨的襪子，
襪子都愛清潔的腳趾，
腳趾都愛洗腳的孩子。

不用抄生詞！

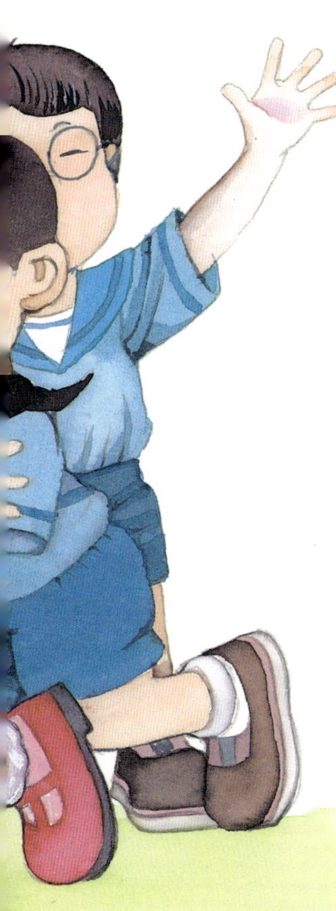

2. 長大做甚麼？

上課時，陳老師問我們長大後想做甚麼。

我想當老師，老師可以常常跟小朋友玩，卻不用寫生詞。

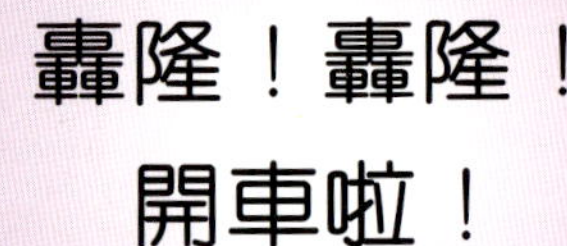

我也想當爸爸，我爸爸會開汽車。我也希望能開公共汽車，但我知道自己不夠錢買一輛巴士。

我還想當媽媽，我覺得她很了不起，穿高跟鞋走路也不會摔倒。

再玩一會，
好嗎？

我更想當游泳教練。他可好玩哪，一天到晚游泳，他媽媽從來不會大叫：「喂，應該上來了！我們得回家了！」

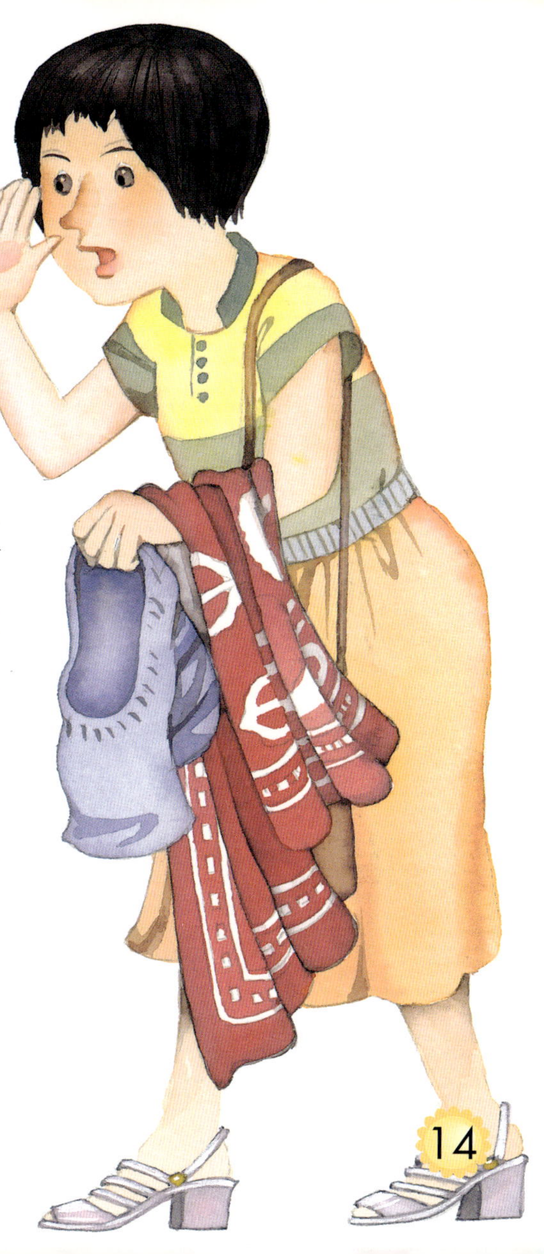

　　當警察也不錯，他們的制服真好看。我做警察，一定會常常摸小朋友的頭，大聲說：「你好！」然後向他們敬禮。

必卜！必卜！

我不想當醫生，我不願意給小朋友打針。但我真想借他的聽音筒來用用，聽聽我們家小貓的心跳聲。

我想得太多了，忘了回答老師的問題。

小詩

當甚麼？

警察醫生工程師
要當甚麼我不知
只知老師常常笑
我要常笑像老師

閱讀報告

你長大後最想做甚麼？請用圖畫畫出來，然後寫幾個有關的句子。

跟爸爸、媽媽談話

(1) 你知道爸爸的工作是做甚麼的嗎？如果不知道，請他告訴你。

(2) 你會不會做媽媽的工作？她的工作難不難做？快去問她。

3.你就是二年級的啟啟嗎？

終於考完試啦，人輕鬆多了！

今天，我很早就回到學校。天氣真好，藍天上只有幾朵白雲，幾隻小鳥，球場上也只有幾個同學。

媽媽說，放完暑假，我就是二年級的學生了。二年級的學生是怎樣的呢？

忽然，一個男孩子向著我走過來。他比我高一點點，校服有點舊，但很合身。他樣子可真神氣，一直在微笑。哎喲，我太驚奇了，他不就是我嗎？

他走到我面前，對我說：「一年級的啟啟，你好。我是二年級的啟啟。你看，我長高了。」

「啊……」我張大了口，說不出話來。

嘩，厲害！

跟誰坐？跟誰坐？

「你快要上二年級了，可有甚麼特別的希望嗎？比如說，你希望跟誰坐？」

「我嘛，希望跟思思坐。陳進明也不錯，他最愛笑。還有，小元也可以，他成績好，可以教我。至於宇軒，他同樣是我的好朋友哇，我也……」

小哥哥笑了，回答說：「那太好了，啟啟，現在我明白了，你跟誰坐都一樣快樂。」

我怕他會走，趕緊問他：「我還有一件事。我希望改掉兩個壞習慣，不知道你改了沒有。」

小哥哥說：「啊？你先說說那是甚麼壞習慣。」

壞習慣！壞習慣！

我臉上發熱。我一定是臉紅了。我說：「我上完廁所，總是忘了拉水沖廁；還有，我老是丟失媽媽買給我的橡皮，寫錯了字，就用手指沾了口水來擦。」

「好可怕啊！我以前是那樣子的嗎？」他好像很驚奇。

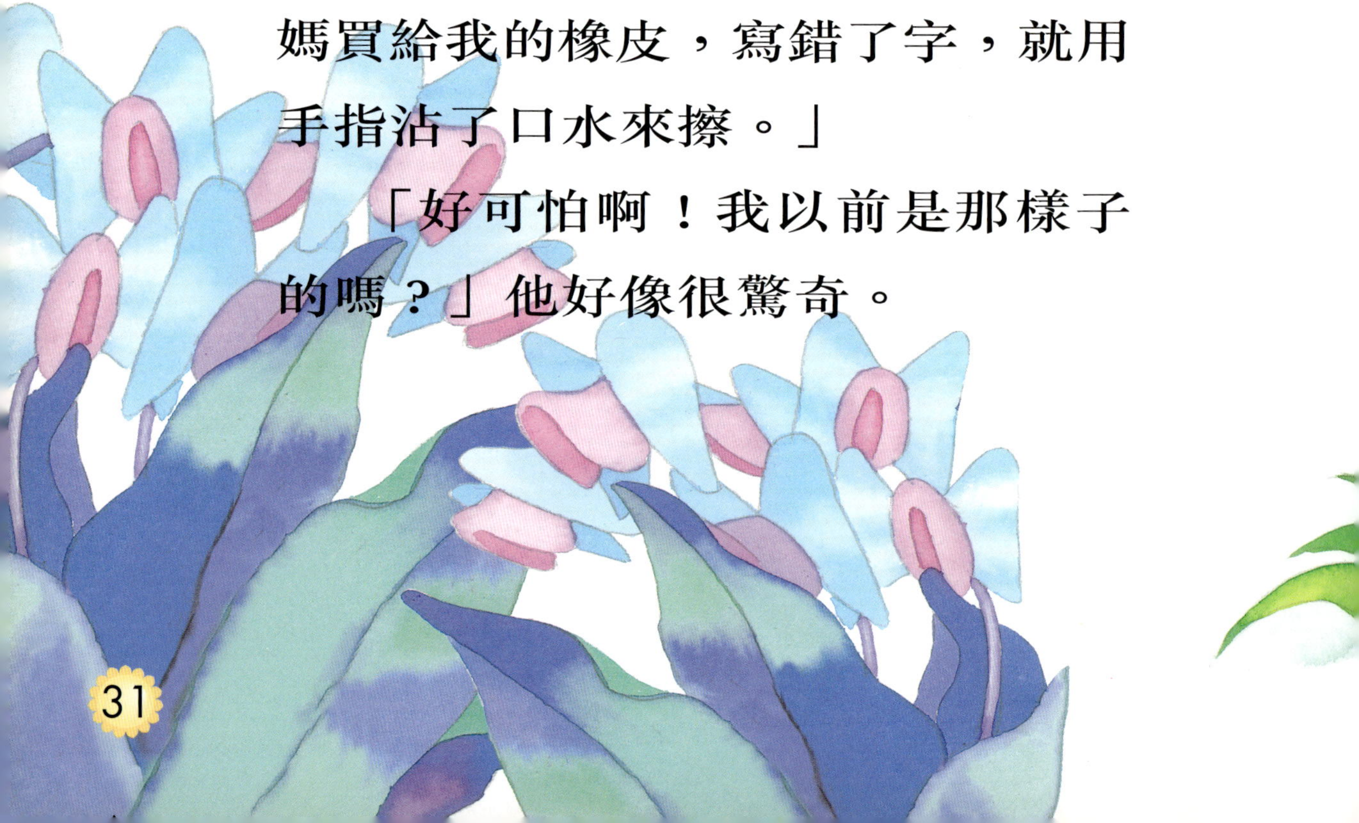

啊，真髒！

啟啟，早！

我點點頭，正要問下去，忽然遠處有人叫我。原來思思回來了，我向她揮手打招呼。一回頭，小哥哥不見了！

思思說：「啟啟，你在發甚麼呆啊？還沒睡飽嗎？」

時間快如箭

時間時間快如箭，
小孩小孩天天變。
嘴裏洞洞出新牙，
頭上毛毛變長辮。

時間時間快如箭，
洗臉刷牙又一天；
嘻嘻哈哈才見面，
蹦蹦跳跳就一年。

時間時間快如箭，

鉛筆和我都在變；

我變高、它變短，

學寫「時間快如箭」。

閱讀報告

(1) 你下學期希望跟誰坐？

(2) 請你把這位好朋友的樣子畫下來。

跟爸爸媽媽商量一下

(1) 快升上二年級了，你最怕甚麼事會發生？

(2) 你有沒有甚麼壞習慣須要改掉？怎麼改？

來，請爸爸媽媽跟你一同想辦法。

真甜，真甜！

4.暑假小詩一束

媽媽削蘋果

媽媽削蘋果，

削了一個又一個。

她吃蘋果心，

片片白肉留給我。

爸爸真辛苦！

爸爸要上班

七月太陽兇霸霸，
幸而我們放暑假。
可憐爸爸要上班，
出門汗水如雨下。

踢水！
踢水！

游泳班

游泳班，真好玩，
玩了半天想吃飯。
吃飽睡到牀上去，
夢裏再上游泳班。

我的書哭了

誰在哭，誰在哭？
原來是本故事書。
我看她時她老笑，
電視一亮她就哭。

誰在哭？

吱吱！

做家務

我做家務有聲音，
媽媽說我嚇壞人。
掃地打噴嚏，
洗碗響乒乓；
抹車車子碰碰叫，
抹枱枱腳吱吱搖。
我做家務有聲音，
沒有聲音悶死人。

再見

有些再見天天說，

有些再見常常說。

有些再見說一次，

要等好久才再說。

暑假到了。

小朋友，再見。

再見！

作者簡介

胡燕青，**1954**年生，廣東中山人。**1978**年畢業於香港大學中英文系，後獲中文系哲學碩士學位。現任香港浸會大學語文中心講師。

胡燕青於高中時開始寫作，作品以詩和散文為主，分別發表於香港各文學雜誌及報刊。曾先後獲得香港市政局中文文學獎詩組及散文組冠軍。歷任《詩風》編委、中文文學獎、青年文學獎、校際朗誦節評判。著有詩集《我把禱告留在窗台上》、《驚蟄》、《日出行》，散文集《彩店》、《我在乎天長地久》、《我的老師》，詩歌欣賞論集《小丘初夏》；與人聯合編著中級漢語輔讀教材《讀讀寫寫學漢語》、兒童聖經《永永遠遠》等。

插畫者簡介

王曉明，**1945**年出生於浙江寧波，**1962**年畢業於杭州藝術專科學校美術系。係中國美術家協會會員，杭州市作家協會會員、浙江美術家會理事。主要從事兒童讀物的寫作和繪畫，插圖作品曾在日本、西班牙、伊朗、意大利、斯洛伐克等地展出。低幼讀物插圖獲歷屆中國低幼讀物插圖評獎一等獎，曾獲日本「野間獎」。主要作品有童話集《會飛的房子》、《花生米樣的雲》、《神奇大樓之夜裏誰在叫？》。現主持王曉明工作室。

初小語文系列

（小一家長伴讀，小二獨立閱讀）

1.啟啟上小學

（附家長指引）

文：胡燕青

圖：王曉明

大30開64頁

2.啟啟的腳趾有話說

(附家長指引)

文：胡燕青

圖：王曉明

大30開64頁

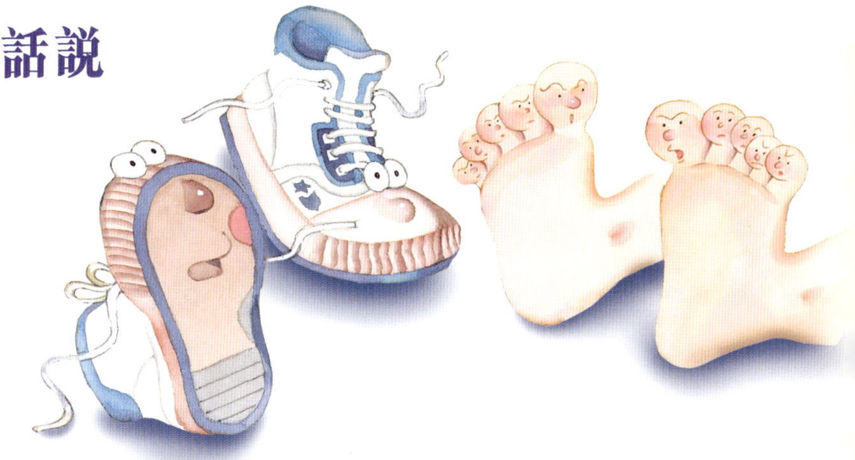

3.啟啟怕不怕考試？

（附家長指引）

文：胡燕青

圖：王曉明

大30開48頁

神奇大樓之夜裏誰在叫？

文：黃慶雲

圖：王曉明

大 30 開 64 頁

神奇大樓之彩虹孩子

文：黃慶雲

圖：王曉明

大 30 開 64 頁

馬虎兄弟

文：小麥子

圖：小馬、小虎

大 30 開 80 頁

童畫祕笈

文：張雅燕

圖：一羣想像力豐富的小朋友

大 30 開 128 頁

成長智多FUN

文：羅乃萱

圖：鄧美心

大30開64頁